池上彰のよくわかる 世界の宗教 イスラム教

著／池上 彰　編／こどもくらぶ

丸善出版

はじめに

「自分はなぜ生まれてきたのだろうか」「何のために生きているのか」と考えたことはありませんか? また、「死んだあとはどうなるのだろう」と考えて、こわくなったことはありませんか? 自分の肉親、友だちやかわいがっていたペットが亡くなってしまったこともあるかもしれません。また、「死んでしまっても、魂のようなものがどこかに存在しているにちがいない」と思う人もいるのではないでしょうか。

多くの宗教は、人がどのように生きていけば、安心して幸せに生きていけるのか、「死」をおそれずに受けいれるにはどうしたらいいのかを考えたことから生まれました。

また、宗教は自然とも深く結びついています。適度な雨と日光が、作物を実らせます。自然は、人間が生きていくためになくてはならないものです。しかし、自然は同時に、洪水などの災害を引きおこし、一瞬にして生命をうばうものでもあります。そのため、世界のほとんどの地域の人びとは、はるか昔から自然に対する感謝とともにおそれの気持ちをいだいてきました。こうしたところからも、宗教が生まれたと考えられています。

この本では、数ある宗教のなかから「イスラム教」をとりあげます。イスラム教は世界中に広まり、信者の数が約16億人といわれる、キリスト教につぐとても大きな宗教です(2010年現在)。

　左上の写真は、サウジアラビアの都市メッカにあるカーバ神殿に、世界中からイスラム教徒たちが集まっているところです。メッカは、イスラム教にとっていちばんたいせつな聖地です。一生に一度はメッカにお祈りにいくことが、イスラム教徒の夢なのです。
　上の写真は、イスラム教徒がお祈りをしているところです。イスラム教徒は、世界中どこにいても、定められた時間になると、メッカの方角を向いてお祈りをします。
　イスラム教では、集団でお祈りすることが望ましいとされていますが、上の写真のように、少人数でお祈りをすることもあります。たいせつなのは、一人ひとりが神のことを考えて、真剣にお祈りをすることなのです。
　イスラム教が、どのように生まれ、どうして国や民族を超えて世界中の人びとに受けいれられるようになったのかなどを、いっしょに見ていきましょう。
　現在、世界には宗教が原因となって紛争がつづいている地域がたくさんあります。内戦のつづくシリアでは、イスラム過激派組織「イスラム国」（IS）が台頭し、その後、世界各地でテロをひきおこしています。
　宗教は人の幸せをめざすものであるはずなのに、どうして宗教をめぐって不幸がおこるのでしょうか？　このことについてもいっしょに考えていきましょう。

もくじ

PART 1 イスラム教を知ろう

- イスラム教ってどんな宗教？ …………………… 6
- イスラム教の聖典『コーラン』 ………………… 10
- 宗教にもとづく生活 ……………………………… 14
- モスクはどんなところ？ ………………………… 20
- イスラム教は「まとめの宗教」 ………………… 22

PART 2 さまざまな国のイスラム教と中東問題

- イスラム教の広がり ……………………………… 24
- 国によってことなるイスラム教 ………………… 28
- 中東問題って何だろう？ ………………………… 34
- 3つの宗教の聖地エルサレム …………………… 38
- イスラム教は平和を求める宗教 ………………… 40
- イスラム国（IS） ………………………………… 42
- イスラム教徒の多い国と国旗 …………………… 44

全巻さくいん ……………………………………… 46

PART 1 イスラム教を知ろう

イスラム教ってどんな宗教？

イスラム教はどのようにしてできて、
どのように広まっていったのでしょうか？
預言者ムハンマドの生涯をたどりながら見てみましょう。

唯一神「アッラー」

610年、アラビア半島の都市メッカで、ムハンマドという人が、突然「神から言葉を預かった」といい、その言葉を人びとに伝えはじめました。これがイスラム教のはじまりです。ムハンマドは神の言葉を預かる「預言者」となりました。

イスラム教とは、この世界をつくった唯一の神「アッラー」を信じ、神からムハンマドにくだった「啓示（神からくだされた言葉）」を信じる宗教です。イスラム教徒は、神の言葉にそってきちんと生活していれば、死後に天国にいくことができると信じています。

「イスラム」は「イスラーム」と表記されることもあり、アラビア語で「平和」を意味する「サラーム」という言葉から生まれています。「イスラム」自体は、「神にすべてをゆだねる」という意味です。イスラム教徒は、「ムスリム」とよばれますが、これは「神にすべてをゆだねる人」のことです。

メッカのモスク（イスラム教の礼拝所）、祈りをささげるイスラム教徒（シリア）。

メッカ 現在のサウジアラビアの1都市。アラビア語では「マッカ」と発音されるが、この本では「メッカ」に統一する。

PART 1　イスラム教を知ろう

預言者ムハンマド

　では、預言者ムハンマドとはどんな人だったのでしょうか？　その生涯を見てみましょう。

　ムハンマドは、570年ごろ、メッカの裕福な商人の家に生まれました。けれども、おさなくして父と母を亡くし、孤児として育ち、小さいころからおとなといっしょに働きました。まわりの人びとには「正直者」とよばれ、信頼されていたといいます。そして、25歳のときに年上のお金持ちの女商人ハディージャと結婚し、子どもも生まれ、安定した生活をおくっていました。しかし、しだいに世のなかの不正を強く感じはじめます。40歳になると、ときどきメッカ郊外にある山の頂上の洞くつにこもって、めい想をおこなうようになりました。

　あるとき、ムハンマドが洞くつにこもっていると、天使ジブリール（ガブリエル）があらわれ、「誦め」と命じたといいます。

　その日から、ムハンマドは、ときおり神からくだされた言葉（「啓示」）を説くようになります。

　まわりの人びとはおどろき、はじめは、「何かにとりつかれたのではないか」「つくり話ではないか」と疑いました。

　そうしたこともあって、最初の信者は彼をよく知り、信じていた妻のハディージャでした。けれども、ムハンマドが、まわりの人びとから信用されていたことや、その「啓示」に説得力があったことから、彼の言葉は、親族からだんだんと人びとに受けいれられていったといわれています。

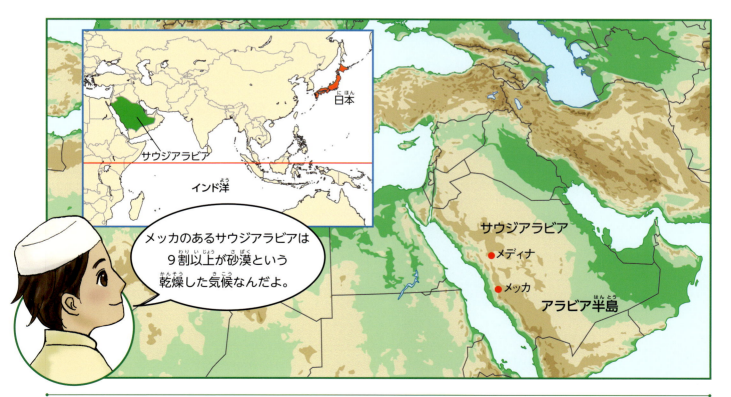

メッカのあるサウジアラビアは9割以上が砂漠という乾燥した気候なんだよ。

めい想　気持ちを集中し、心をおちつかせて祈ること。
誦め　「神の言葉を伝えるから、それを声にだして読め」という意味。

メディナへの「聖遷」(ヒジュラ)

ムハンマドの言葉は、最初、親族や親しい友人以外には受けいれられませんでした。それでも、メッカの人びとのなかからは、しだいにムハンマドの広める「啓示」を信じる人たちがでてきました。けれども、ムハンマドの説く教えには、偶像崇拝（神をかたどった像をおがむこと）の禁止などがふくまれていました。メッカは古くから多神教（多くの神を信じる宗教）で、偶像が崇拝されてきた世界です。そのため、伝統を守ってきた人びとがムハンマドに反対し、彼を信じる人びとを迫害しはじめたのです。

ムハンマドは、メッカで約10年にわたり、さまざまな苦難を経験しました。それでも親族に助けられながら布教をつづけていきました。

ムハンマドは地図の矢印のように北へ向かった。現在でもメッカとメディナは、イスラム教の2大聖地となっている。

ところが、619年、ムハンマドをささえつづけた妻と伯父がたてつづけに亡くなりました。622年には、反対勢力から暗殺者が送りこまれました。そこでムハンマドは、約70人の信者たちとともにメッカより北に400kmはなれた**メディナ**（当時のヤスリブ）へ**移住した**のです。

イスラム教では、このムハンマドの移住を「聖遷（ヒジュラ）」とよんでいます。

メディナにある「預言者モスク」。ここにはムハンマドの墓があり、世界中から多くのイスラム教徒が巡礼（信じる心を深めるために聖地にいき祈ること）におとずれる。

預言者モスクの内部。

メディナ アラビア語ではマディーナという。「預言者の町」という意味。以下、この本ではメディナで統一する。メディナにイスラム教の熱心な信者がすんでいたことが、移住のきっかけになった。

移住した イスラム世界でつかうこよみでは、この日（西暦622年7月16日）を起源の日（イスラム暦元年1月1日）としている。

PART 1 イスラム教を知ろう

メッカから約25kmはなれたアラファトのラフマ山に、たくさんのイスラム教徒が巡礼にきているようす。

ムハンマドは亡くなる前にメッカを巡礼し、この山で最後の教えを説いたといわれているの。

ムハンマドの戦い

新 天地に移住したムハンマドは、預言者としてだけではなく、メッカから移りすんだ信者やメディナであらたに入信した信者たちと、新しいイスラム共同体（「ウンマ」という）をつくる、「指導者」の役目もはたすことになります。

メディナには、ほかの部族やユダヤ教（→P22）の信者たちがいました。彼らのなかには、うわべだけはイスラム教徒に対して好意を見せながら、実は、イスラム教に反対する人がたくさんいました。ムハンマドは、そうした人びとをおさえ、さらにメッカの反対勢力と戦わなくてはなりませんでした。

ムハンマドは軍司令官として力を発揮し、メッカからやってくる反対勢力の軍隊を少人数でやぶります。3回の戦いののち、630年1月にメッカに進軍し、血を流さずに征服しました。

その後、アラビア半島のそれぞれの民族の代表がムハンマドのところへおとずれ、イスラム教への改宗を約束しました。こうして、ムハンマドはアラビア半島にイスラム社会をつくることに成功したのです。

ムハンマドは、632年6月、62歳の生涯を終えました。ムハンマドにくだったという啓示を、のちに信者たちがまとめたものが、イスラム教の経典『コーラン』（→P10）です。また、ムハンマドが日常生活のなかで語った言葉やおこないは、じかに接した信者たちから伝えられ、書きとめられました。この記録をまとめたものが『ハディース』という文書で、『コーラン』についで、イスラム教ではとくにたいせつにされています（→P11）。

イスラム教の聖典『コーラン』

ムハンマドが神から預かった言葉を、
アラビア語・アラビア文字で記録した本が『コーラン』です。
『コーラン』は114の章でなりたっています。

神の言葉を伝える『コーラン』

ムハンマドは、孤児として育ち、教育を受けられず、読み書きができませんでした。そのため、イスラム教を広めるのに、神の言葉を口頭で伝え、それを人びとに暗記させる、という方法をとりました。

『コーラン』はムハンマドの死後、信者たちが暗記していた神の言葉を本にまとめたものです。神の言葉は、アラビア語で記録されたことから、アラビア語自体も、アラビア文字も、イスラム教徒のあいだで神聖なものとされるようになりました。そのため、ふだんアラビア語を話していない国のイスラム教徒でも、アラビア語・アラビア文字で書かれた『コーラン』を読むことになっています。たとえば、マレーシア人のイスラム教徒は、ふだんはマレー語を話していても、『コーラン』を読むときには、アラビア語・アラビア文字のものを読むのです。

『コーラン』とは、「声にだして読むべきもの」という意味です。そのため、『コーラン』は、目で読むだけではなく、声にだして朗読するのが正しい読み方とされています。本来の『コーラン』には、独特のリズムがあり、大きな声で、ろうろうと読みあげると、音楽のように美しく響きます。

コーラン

コーランを読む、イスラム教徒の少女たち（インドネシア）。

『コーラン』の虎の巻『ハディース』

『コーラン』には、神の言葉が短くばらばらに記録されているため、理解しにくいところがたくさんあります。そこで役立つのが、『ハディース』です。

『ハディース』は、「伝承」という意味で、ムハンマドの発言や行動が記録されています。また、イスラム教徒がすべきことや、礼拝の方法などがくわしく説明されています。たとえば、ムハンマドがはじめて神の言葉をきいたときのようす（→P7）について、『コーラン』には何も書かれていませんが、『ハディース』には記されているのです。

また、イスラム教徒の男性の多くが、ひげを生やしているのは、『ハディース』に、ムハンマドが長いあごひげを生やしていた、という記述があるからです。

英訳のついた『ハーディス』
写真：Alarmy／アフロ

まだ若い男の子をのぞき、男性たちはひげを生やしているのがうかがえる。（写真はアフガニスタン）

『コーラン』には何が書かれているの?

『コーラン』の内容について、いくつかたいせつなところを紹介しましょう。

■ 『コーラン』第1章 ＜開扉＞

慈悲ふかく慈悲あまねきアッラーの御名において……
讃えあれ、アッラー、万世の主、
慈悲ふかく慈悲あまねき御神、
審きの日（最後の審判の日）の主宰者。
汝［あなた］をこそ我らはあがめまつる、
汝にこそ救いを求めまつる。
願わくば我らを導いて正しき道を辿らしめ給え、
汝の御怒りを蒙る人々や、
踏みまよう人々の道ではなく、
汝の嘉し給う人々の道を歩ましめ給え。
　　　（第1章より*）

＊この本では、コーランの引用文はすべて、井筒俊彦訳『コーラン』（上）（中）（下）岩波文庫による。［ ］は編集部注。

これは、『コーラン』の最初の1章です。ここに、『コーラン』のたいせつな内容がすべてふくまれているといわれています。

また、お祈りのときにはかならず、この1章が読みあげられます。

神アッラーは、全世界の主であり、世界の終わりには「最後の審判」（→P13）をとりしきる中心人物であると書かれています。

この1章をとなえることは、「神はアッラーのみであり、けっしてちがう神をおがまない」という宣言でもあるの。

■ 天地創造

我ら［アッラー］は言った「これアーダム。汝は妻と共にこの楽園に住み、どこなりと好むところで（果実を）思う存分食べるがよい。但し、この木にだけは、決して近寄るなよ。（近寄れば）不義を犯すことになるぞ。しかるにイブリース［悪魔］は二人を誘惑してこの禁を破らせ、二人をそれまでの（無垢の）［純粋な］状態から追い出してしまった。そこで我らは言った、『堕ちて行け、一人一人がお互いに敵となれ。［中略］』［しかしその後］主は御心を直して彼に向い給うた［アーダムたちを許してくださった］
　　　（第2章より）

アダムとエバは、ユダヤ教、**キリスト教**の『聖書』にでてくる、最初に神によってつくられたふたりの人間の名前です。

また、神がこの世界と、このふたりの人間をつくったことが、『コーラン』にもでています。『聖書』とおなじように、ふたりは神に「食べてはいけない」といわれた「禁断の木の実」を食べてしまい、それまで住んでいた楽園を追放されたのです。

この世界も人間も、神がつくったのであり、神は、おそれうやまうべき存在であるということが、イスラム教でも語られているのです。

キリスト教　イエスの教えにもとづき、イエスを、世界を救ってくれる救世主（キリスト）と信じる宗教。

■最後の審判

『コーラン』によると、どんな人間でも、ふたりの天使に見はられていて、その人のおこないを、その天使たちがすべて記録帳につけているといいます。

ひとりの天使にかくれて何か悪いことをしようとしても、もうひとりの天使が見ているので、すべて見つかってしまいます。

人は、死んだあとも、世界の終わりがくるまで地下でねむりつづけます。世界の終わりがくると、神の前に一人ひとりよびだされて、「最後の審判」とよばれる裁判にかけられます。

ここで、天使がつけていた記録帳がだされ、その人が生きていたときにおこなった、いいことと悪いことが、はかりにかけられます。いいことのほうが少しでも多ければ天国にいくことができ、悪いことのほうが少しでも多かったら地獄にいきます。地獄にいくと炎で、永遠に焼きつづけられます。

それにくらべて、天国にいくと、清らかな川の流れがあり、果物がたわわに実るところで、好きなものを飲んで食べてくらせるのです。

イスラム教徒は、死後、天国へいけるように神の言葉を守り、生活するのです。

天国にいきたいなあ……

■孤児と女性へのやさしいまなざし

「もし汝ら（自分だけでは）孤児に公正にしてやれそうもないと思ったら、誰か気に入った女をめとるがよい、二人なり、三人なり、四人なり。だがもし（妻が多くては）公平にできないようならば一人だけにしておくか……［中略］……。（第4章より）

『コーラン』には、一人の男性が最大4人までの女性と結婚できると書かれています。けれども、これには、理由がありました。上の啓示は、大きな戦争のあとにくだされたものなのです。その戦争でムハンマドのまわりには、夫を戦争で失った女性や、父親を亡くした子どもが多くいました。ムハンマド自身も生まれるまえに父親を亡くし、6歳のときには母親を亡くし、孤児として育ちました。

そうした未亡人や子どもたちを救うための手段として、「未亡人と結婚し、孤児をひきとって育ててあげなさい」という意味がこの啓示にはこめられたのです。

「孤児を助けなさい」という意味なのですね。

宗教にもとづく生活

豚肉を食べない、女性は髪や肌をかくすなど、イスラム教には生活にむすびついた戒律（決まり）がたくさんあります。

何を信じて、何を守るのか？

イスラム教徒は、天国にいくために、つぎの6つのことを信じ、5つのことを守らなければならないと決められています。これはまとめて「六信五行」とよばれています。

六信

1. アッラー
2. 天使
3. 経典
4. 預言者
5. 来世
6. 天命

五行

1. 信仰の告白
2. 礼拝（お祈り）
3. 断食
4. 喜捨（寄付）
5. 巡礼

六信の1　アッラー

この世界のすべてのものは神「アッラー」がつくったものであり、神はただひとつの存在であると信じる。

六信の2　天使

「天使」とは、神が光からつくった、神と人間の中間的な存在。神と人間との連絡係のような役割をはたしている。

「イスラム教の天使って、どんなすがたをしているか知っていますか？」

「イスラム教では偶像崇拝を禁止しているから、天使がえがかれた絵はないんだ。でも、コーランには、「その翼は二対、三対、また四対。」と書かれているよ。」

PART 1 イスラム教を知ろう

六信の3　経典

イスラム教の経典は『コーラン』だが、イスラム教ではほかにも、ユダヤ教の経典『律法（聖書）』やキリスト教の経典『新約聖書』も経典として認めている（→P22）。

六信の4　預言者

イスラム教では、預言者はムハンマドのことだが、ユダヤ教のモーゼやキリスト教のイエスも「預言者」として認めている（→P23）。

モーゼとは、海をわって道をつくり、ユダヤ人の祖先を助けたすごい人だよ。『コーラン』には「ムーサー」という名前でのっているよ。
（→P23）

六信の5　来世

「来世」は、「死後の世界」という意味。人は死んでも地下でねむりつづけ、「最後の審判」（→P13）を受けて天国か地獄へいく。

最後の審判がいつおこなわれるかについては、コーランには「神様だけがそれを知り給う。丁度という時になれば神様だけが知らせて下さろう。」と書かれています。

六信の6　天命

「天命」とは、「この世のものすべてが、アッラーの意思によって定められている」という意味。そのため、人間は、神をうやまい、神の意思にそったおこないをしなければならない。

きびしいようだけど、コーランにはつぎのようにも書かれているんだよ。
「敬虔な［熱心な］信者たちは楽園と至福［幸せ］の中で、神様から結構なもの戴いて心たのしく。神様が守っていて下さるから、地獄の責苦もよそに見る。」（第52章より）
つまり、神さまは熱心な信者には、幸せとよろこびをあたえてくれるということだね。

五行の1　信仰の告白

「信仰の告白」とは、
「アッラーのほかに神はなし。ムハンマドはアッラーの使徒である」
ととなえること。この一節も、お祈りのたびにとなえられている。

わたしも、お祈りのときはこの言葉をとなえているのよ。

五行の2　礼拝（お祈り）

「礼拝」とは、お祈りのこと。1日に5回、夜明け前、正午すぎ、日没前（正午すぎと日没のあいだ）、日没直後、夜半に、世界のどこにいても、聖地メッカの方角に向かって祈る。

イスラム教徒の多い国では、町のいたるところに矢印がある。これはメッカの方角をあらわしている。学校などの公共の建物には、礼拝のための場所もある。

礼拝をするときには、顔や手足などを洗って身を清め、床にしきものをしき、額を床にこすりつけておがむ。

方位磁石付きのじゅうたん。

お祈りの時間をしめす時計（マレーシア）。いちばん左は現在の時刻、その右の7つは、左から順番に、夜明け前の礼拝、昼の礼拝、日没前の礼拝、日没直後の礼拝、夜の礼拝、断食をはじめる時間（ラマダン月）、日の出の時間をしめす。

何も食べないわけではない　病人や子ども、旅行中の人、妊娠中の女性、乳児をもつ母親などは断食しなくてもよいとされている。

五行の3　断食

1年に1か月間、イスラム暦の第9月（ラマダン月）に「断食」をおこなう。「断食」とは、ふつうは食べ物を何も食べないこと。しかし、イスラム教の「断食」では、1か月間**何も食べないわけではない**。断食をするのは、日の出から日没までで、この間は、食べたり飲んだりすることが禁じられる。熱心な信者は、自分のつばさえも飲みこまないといわれている。

この期間中は、多くのイスラム教徒が、夜が明ける前におきて食事をし、昼間はがまんをして、日が沈んだらたくさん食事をとる。おなかがすき、のどがかわくことをがまんすることで、それを命じた神のことを考える意味があるといわれている。また、食べたくても食べられない、貧しい人の苦しみを経験し、そうした人たちを助けることを考える意味もある。

ラマダン明けには、大きな宴を開いて祝う。

PART 1 イスラム教を知ろう

「神殿に巡礼にくると、人びとは神殿のまわりを7回まわるんだ。写真は、人びとの動くようすがわかるように撮影したものだよ。」

黒く四角い建物がカーバ神殿で、メッカの聖モスクの中庭にある。長さ約12m、奥行約10m、高さ約15mの石づくりの建物で、大理石の基盤の上につくられている。もともとは多神教の神殿だったが、メッカを征服したときにムハンマドが偶像をすべてこわしたため、神殿のなかは、攻めいったときにムハンマドが口づけをしたといわれる黒い石だけがまつられている。

五行の4　喜捨（寄付）

4番目の「喜捨」とは、貧しい人へ寄付すること。寄付には2種類あり、税金のような義務的な寄付と、自分の意思でおこなう寄付がある。この「喜捨」によって、イスラム教徒の多い国では、社会制度とは別に、おたがいに助けあうしくみができている。喜捨をした人は、いいおこないをしたことになり、それだけ天国に近づくことになる。

五行の5　巡礼

イスラム教の「巡礼」は、聖地メッカにお祈りにいくこと（→P8）。信者はかならずというわけではないが、一生に一度は巡礼にいくことが望ましいとされている。

メッカが聖地とされているのは、預言者ムハンマドの生まれた土地で、イスラム教がはじめられたところだからだ。

毎年、世界各国から約200万人もの信者が、メッカのカーバ神殿に巡礼する。ここでは、全員が白い衣服を着て、神に祈る。国籍、人種、民族といったあらゆるちがいに関係なく、イスラム教徒はみんな平等で、仲間であるという強い一体感を感じることができる。

禁止されていること

イ スラム教では「六信五行」のほかにも、以下のような、日常生活で守るべきことが定められています。

豚肉を食べてはいけない

「アッラーが汝らに禁じ給うた食物といえば、死肉、血、豚の肉、それから（屠る時に）アッラー以外の名が唱えられたもの（異神に捧げられたもの）のみ。それとても、自分から食い気を起したり、わざと（神命に）そむこうとの心ではなくて、やむなく（食べた）場合には、別に罪になりはせぬ。」（『コーラン』第2章より）

このように、豚肉を食べることは禁止されている。なぜ禁止されたのか、理由ははっきりしていないが、ムハンマドの時代、アラビア半島で豚の病気が流行し、食べると病気になるおそれがあったためと推測されている。そのほか、豚は飼うために多くの水を必要とするため、砂漠での遊牧に適してない、などいくつかの理由もあげられる。

酒を飲んではいけない

「これ、汝ら、信徒の者よ、酒と賭矢［かけごとの一種］、偶像神と占矢［吉凶をうらなう矢］とはいずれも厭うべきこと、シャイターン［サタン（悪魔）］の業。心して避けよ。さすれば汝ら運がよくなろう。シャイターンの狙いは酒と賭矢などで汝らの間に敵意と憎悪を煽り立て、アッラーを忘れさせ、礼拝を怠るようしむけるところにある。」（『コーラン』第5章より）

酒を飲むと、ケンカがふえてにくしみあうようになったり、神をわすれてお祈りしなくなったりするので、飲んではいけないということ。

「ハラールフード」って、何？

ハラールフードとは、イスラム教の戒律にのっとった食べ物のことです。イスラム教では、豚肉やお酒以外にもラバやロバなどを食べることが禁じられています。また、肉の処理や加工においても豚肉を調理した器具で調理してはいけないなど、こまかな決まりがあります。

「ハラール」は、アラビア語で「許された」という意味で、逆に「禁じられた」ものを「ハラーム」といいます。

近年、東南アジアのマレーシアやインドネシアからの観光客や留学生が増え、ハラールフードを扱うお店が日本でも増えてきました。また、2020年に開催予定の東京オリンピック・パラリンピックではイスラム圏から多くの旅行者が訪れることが予想されるため、ハラール製品を生産するうえで必要なハラール認証を取得する企業がふえてきています。

リオデジャネイロオリンピックで、イスラム教徒の選手向けに用意されたハラールフード。　　写真：AP／アフロ

PART 1 イスラム教を知ろう

偶像をおがんではいけない（偶像崇拝の禁止）

また、左ページの『コーラン』の一節のなかに、酒とともに「偶像」もさけなさいとある。これは、「神の像をつくり、それをおがむことを禁止する」ということ。神は偉大であり、人間が神のすがたを想像してかってにつくってはいけないからだという。この点は、キリスト教や仏教などのほかの宗教と、大きくちがっているところである。

国によっては、人間の絵や写真、映画までを「偶像」と考えて禁止している。

偶像崇拝を禁止しているからこそ、幾何学模様やアラビア模様が発達したのかもしれないわ。

女性は顔やからだを人前で見せない

「これ、預言者、お前の妻たちにも、娘たちにも、また一般信徒の女たちにも、（人前に出る時は）必ず長衣で（頭から足まで）すっぽり体を包みこんで行くよう申しつけよ。こうすれば、誰だかすぐわかって、しかも害されずにすむ。」（第33章より）

女性はつつしみぶかくして、からだや顔を家族以外の男性に見せてはいけない。これは女性を守るために定められた決まりである。ただ、どのていどかくすのかについては、国によってそれぞれ大きく異なっている。頭からからだ全体をベールでおおっている国もあれば、髪だけをスカーフでかくす国もある。

アフガニスタンでは、1996年から2001年までイスラム原理主義（→P40）の武装勢力「タリバン」が政権をにぎっていた。そのころは、女性たちは写真のような青い布「ブルカ」で頭から足までをおおい、目もだしてはいけなかった。その後、政権が交代し、ブルカをぬぐ女性たちもふえている。

写真：AP／アフロ

市場で買い物をする、イランの女性。

モスクはどんなところ？

モスクというのは、イスラム教徒たちの礼拝所です。金曜日になると、多くのイスラム教徒がお祈りにおとずれます。

壁に向かってお祈りをするの!?

モスクはイスラム教徒が集まって、お祈りをするための場所です。キリスト教では教会、仏教でいえばお寺にあたります。

キリスト教の教会では多くの場合、十字架にかけられたキリストの像があります。仏教のお寺には仏像があります。

ところが、イスラム教では偶像をおがんではいけないので、モスクは、一見すると何もないように見えます。けれども、よく見てみると、ある方向の壁にくぼみのようなものがあるのに気づきます。これは、「ミフラーブ」といって、メッカの方向をあらわしていて、この壁に向かってお祈りするのです。

右の茶色のくぼみが「ミフラーブ」で、このくぼみがある壁のことを「キブラ壁」という。

モスク内の装飾

キリスト教の教会では、イエス・キリストの生涯などを題材にした絵やステンドグラスなどが、美しくかざられています。

イスラム教のモスクでは、絵がえがかれていることはありませんが、図形や線が連続する幾何学的なもようや、アラビア文字をデザイン化したタイルなどで、美しくかざられています。

トルコのモスクのタイル。

ミンバル（説教壇）

右の写真は「ミンバル（説教壇）」とよばれるものです。金曜日の礼拝のときには「イマーム（指導者）」とよばれる人が壇上にのぼり、『コーラン』の朗読やイスラムの教えについて話をするところです。もともとは、ムハンマドが説教をおこなうときに、人びとからよく見えるよう、下に段のついた高いいすをつくらせたことに由来するといわれています。ミンバルのいちばん上の玉座は、ムハンマドのものとされ、だれもすわってはいけないことになっています。

> ふつう「ミンバル」はミフラーブの右側にあるんだよ！

トルコのモスクのミンバル。

ミナレット（塔）

右の写真のまん中の塔が「ミナレット」です。1日5回の礼拝の時間を人びとに知らせるため、この塔の上からよびかけます。アラビア語でこのよびかけを「アザーン」、よびかけをおこなう人を「ムアッジン」といいます。

> モスクの左右にあるこの塔が「ミナレット」よ。

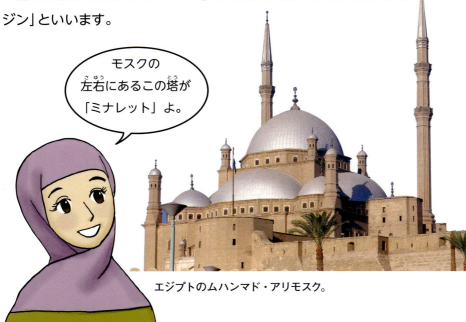

エジプトのムハンマド・アリモスク。

町なかにそびえたつミナレット（エジプト）。

イスラム教は「まとめの宗教」

イスラム教は、ユダヤ教やキリスト教の影響を受けて成立しました。
この3つの宗教をくらべてみると、
イスラム教がどういう宗教かがわかります。

おなじ神を信じる3つの宗教

ムハンマドが生きていた当時、メッカは、アジアとヨーロッパをむすぶ貿易の中継地で、東西のいろいろな民族や文化がまじわるところでした。実際、メッカにはユダヤ教徒やキリスト教徒もいたため、イスラム教には、ユダヤ教やキリスト教の影響が強く見られます。

ユダヤ教、キリスト教、イスラム教の共通点で、まず最初にあげられるのは、おなじ神が信仰されていることです。イスラム教では、この神のことを「アッラー」とよび、『コーラン』にはつぎのように書かれています。

「（ユダヤ教徒やキリスト教徒に）言ってやるがよい、お前たち、アッラーのことで我々と言い争いをしようというのか。アッラーは我々の神様でもあれば、お前たちの神様でもあるものを。」（第2章より）

経典（聖典）もおなじなの？

ユダヤ教、キリスト教とイスラム教は、「兄弟の宗教」といわれることがあります。その理由のひとつに、イスラム教では、『コーラン』のほか、ユダヤ教の『律法（聖書）』（旧約聖書）と、キリスト教の『新約聖書』も**経典として認めている**ことがあげられます。

それぞれの宗教の「経典」
- **ユダヤ教** 『律法（聖書）』（キリスト教徒が『旧約』とよんでいる部分）
- **キリスト教** 『旧約聖書』『新約聖書』
- **イスラム教** 『コーラン』『旧約聖書』『新約聖書』

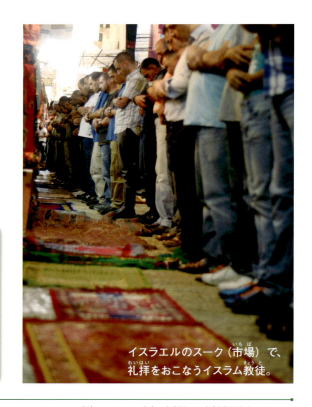

イスラエルのスーク（市場）で、礼拝をおこなうイスラム教徒。

経典として認めている ただし、イスラム教では『コーラン』をもっとも重要としている。また、キリスト教ではユダヤ教の経典を『旧約聖書』とよぶ。

PART 1 イスラム教を知ろう

神からの最後の言葉

つぎも『コーラン』に書かれていることです。「もしも彼ら[ユダヤ教徒とキリスト教徒のこと]が律法[『旧約聖書』]と福音[『新約聖書』]と、そのほか神様の啓示して下さったもの[神の言葉]を立派に実践するようならば、頭上からも脚下からもいろいろと美味しいものを食べさせて戴けるだろうに。」(第5章より)

この一節は、「神はこれまでに何度も人間たちに言葉を伝えた。それにもかかわらず、人びとは、きく耳をもたなかったり、まちがって理解をしたりしている。そこで、神が、ムハンマドに最終的に神の言葉を伝えたのだ」ということをいっています。つまり、イスラム教は、ユダヤ教やキリスト教を受けつぎ、まとめる「最終の宗教」であるというのです。

広場で礼拝をおこなうイスラム教徒たち(ヨルダン)。

「預言者」のちがい

ユダヤ教、キリスト教、イスラム教の最大のちがいは、「預言者」のとらえ方にあります。

それぞれの宗教の「預言者」(神から言葉を預かった人)

● **ユダヤ教**
ノアやアブラハム、モーゼなど、『旧約聖書』にでてくる人たちだけを「預言者」とする。

● **キリスト教**
『旧約聖書』にでてくる人は「預言者」。さらにイエスは「神の子」であり、特別な存在。ムハンマドは「預言者」と認めない。

● **イスラム教**
『旧約聖書』にでてくる人たちも、イエスもムハンマドもすべて「預言者」。ムハンマドはそのなかでも最後の預言者として重要だが、ムハンマドもあくまで人間であり、おがんではいけない。

『聖書』と『コーラン』の登場人物

『コーラン』には、キリストなど『旧約聖書』や『新約聖書』にでてくる人たちも登場しています。けれども、人名もアラビア語の発音になっているため、ちがう名前になっています。

下の左は、『旧約聖書』『新約聖書』にでてくる人の名前です。右はおなじ人たちの、『コーラン』にでてくるときの名前です。

マリア ⇔ マルヤム	(キリストの母マリア)
アブラハム ⇔ イブラーヒーム	(ユダヤ人の祖先)
ノア ⇔ ヌーフ	(箱舟のノア)
イエス ⇔ イーサー	(イエス・キリスト)
イサク ⇔ イスマーイール	(アブラハムの息子)
モーゼ ⇔ ムーサー	(海をわってユダヤ人をエジプトから脱出させた)

PART 2 さまざまな国のイスラム教と中東問題

イスラム教の広がり

イスラム教はアラビア半島からどのように
世界に広まっていったのでしょうか。
ここで簡単にまとめてみましょう。

「右手にコーラン、左手に剣」？

かつて、日本の高校などでは、イスラム教が世界に広まったのは、イスラム教徒が異教徒に対して、「右手にコーラン、左手に剣」という態度でのぞんだからだ、と教えたことがありました。これは、イスラム教徒が、異教徒に対して「イスラム教に改宗しろ」とせまり、拒否したら殺す方針をとったことをみじかい言葉であらわしたものでした。

しかし、実際にはイスラム教徒が異教徒に改宗を強制したことはなかったといわれています。この「右手にコーラン、左手に剣」という言葉は、ヨーロッパのキリスト教徒が、「イスラム教が広がったのは、むりやり改宗させられたからだろう」と思って、つくりだした話だと考えられています。

イスラム教徒の領土が広がるにつれて、ユダヤ教やキリスト教の信者が住んでいる土地も、イスラム教徒の支配がおよびました。このときイスラム教徒は、異教徒に対し、イスラム教徒の支配を認め、税金をおさめるなら、改宗しなくてもよいとしたのです。これは、ユダヤ教もキリスト教もおなじ神を信じる人びとだという考えが、イスラム教徒側にあったからだといわれています。

事実、中東には、ユダヤ教徒やキリスト教徒がたくさん住んでいます。それは、むりやり改宗させられることがなかったことを示しています。

イスラム教徒のおもな貿易路（7～14世紀）

コンスタンティノープル、アンティオキア、ダマスクス、サマルカンド、長安、コルドバ、タンジール、テュニス、カイロ、バグダード、ホルムズ、パータリプトラ、杭州、日本、メディナ、メッカ、マスカット、泉州、広州、トンブクトゥ、アデン、モガディシュ、マラッカ、マリンディ、アチェ、ブルネイ、モンパサ、ソファーラ

海上路 ——
陸上路 ——

出典：「詳説　世界史」山川出版社より作成

イスラム商人の経済活動とともに、イスラム教は広まっていったんだ。

PART 2 さまざまな国のイスラム教と中東問題

タージ・マハルは、ムガル帝国第5代皇帝シャー・ジャハン（1592〜1666年）が、亡くなった妻（王妃）のためにたてたお墓である。

商人たちによるアジアへの布教

ア ラビア半島でおこったイスラム教は、西は北アフリカ、東は現在のイラク、イラン、アフガニスタン、パキスタン、インド、さらにその東のインドネシアまで広がっていきました。アラビア半島のイスラム教徒たちは、8世紀ごろから貿易の相手を求めて、東へ向かいました。そして、着いた先ざきで、彼らの信仰するイスラム教を広めていったのです。

16世紀ごろには、インドで**イスラム教の王朝**（ムガル帝国）ができました。上の写真の大きなたまねぎがのったような屋根の「タージ・マハル」という建物は、この王朝の王がたてたものです。インドにイスラム教が広まると、その東側の東南アジアへもイスラム教が広がっていき、そうしてインドネシアが世界最大のイスラム教国となっていきました（→P31）。

イスラム教によって生まれた新しい宗教

インドでは13世紀に、西から攻めてきたイスラム教の勢力によりイスラム教が伝わるまで、仏教やヒンドゥー教などが信じられていました。その後、15世紀末にナーナク（1469〜1539年）が、「シク教」という宗教をはじめました。シク教は、インド北西部のパンジャブ地方で生まれた、イスラム教とヒンドゥー教の両方をあわせたような宗教です。

シク教は、唯一の神を信じる「一神教」で、神の前では人はみんな平等として、**身分制度**を否定しています。これはイスラム教の影響を受けた考え方です。一方、「人間をふくむすべての生物は、生まれかわりをくりかえしている（「輪廻」という）」としていますが、これはヒンドゥー教などに見られる、インドの伝統的な考え方です。また、シク教の最終目標は、人が生まれかわりのくりかえしから脱出して、神と一体となることですが、このこともヒンドゥー教と共通しています。

インドでは、イスラム教が伝わったことで、新しい宗教も生まれたのです。

シク教徒の男性は、ひげをのばし、頭にターバンを巻いている。

イスラム教の王朝 現在、インドの全人口の79.8％がヒンドゥー教徒だが、ムガル帝国時代の子孫であるイスラム教徒も多い。14.2％がイスラム教徒。実数にすると約1億7000万人のイスラム教徒がいることになる（2011年現在）。

身分制度 インドには、現在でも「カースト制度」とよばれる身分制度が根づよくのこっている。

25

ヨーロッパのキリスト教徒との争い

ア ラビア半島から西に勢力をのばしたイスラム教徒たちは、ヨーロッパでキリスト教の勢力にであいます。11世紀には現在のイラン、イラクがある地域でおこった**セルジューク・トルコ**というイスラム教の王朝が勢力をのばし、現在のトルコがある地域を、キリスト教国の東ローマ（ビザンツ）帝国からうばいます。これによって、キリスト教徒との争いがはじまります。

キリスト教の勢力は「**十字軍**」という軍隊をつくって、セルジューク・トルコやほかの地域のイスラム教国にせめこみました。それに対し、イスラム教徒も自分たちの信仰や聖地（→P39）を守るために反撃したのです。そして、この争いで、イスラム教徒側が勝利しました。

イスラム教徒たちは、北アフリカや、現在のポルトガルとスペインのあるイベリア半島にも、イスラム教国をたてました。

けれども、イベリア半島には、キリスト教徒が多く住んでおり、彼らは、国土を取りもどそうとはげしく対立したため、ここでも両教徒の争いがおこりました。

この争いでは、キリスト教徒側が勝ちました。こうして、15世紀の終わりには、イベリア半島のイスラム王朝は、完全にほろぼされたのです。

スペインのグラナダには、いまも、当時のイスラム王朝がたてた「アルハンブラ宮殿」がのこされている。

アルハンブラ宮殿も、アラビア文字や幾何学的なもようでかざられている。

セルジューク・トルコ 1038年に中央アジアでおきたトルコ人による王朝。王位をめぐり国内各地で争い、1157年にほろびた。

十字軍 聖地エルサレムをイスラム教徒の手から取りもどすという名目で派遣された。

PART 2 さまざまな国のイスラム教と中東問題

聖地があったからこその攻防があったのね。

20世紀はじめまでつづいた巨大イスラム教国、オスマン帝国

13世紀の終わりに、現在のトルコのある半島に建国されたオスマン帝国はイスラム教の国家で、1520年ごろには、東は南イラク、西は北アフリカにまで領土を広げました。もっとも栄えた時期は、ヨーロッパにも進出し、1529年、オーストリアの首都ウィーンを包囲するまで達しました。ヨーロッパの国ぐにとって、イスラム勢力は、大きな脅威となりました。この帝国は、20世紀のはじめまでつづき、**第一次世界大戦にも参戦**しています。

アヤ・ソフィア大聖堂内部。4世紀にキリスト教徒によって教会としてたてられたが、15世紀、オスマン帝国によってモスクに改築された。1935年からは博物館となり、内部を一般に公開している。教会だったころにつくられた、キリスト教の壁画（上右）ものこされている。

かつてオスマン帝国の首都だったイスタンブール（現トルコ）にあるアヤ・ソフィア大聖堂。

第一次世界大戦にも参戦 17世紀末には力を弱め、第一次世界大戦で敗れたのち、1922年、革命によってほろびた。

国によってことなるイスラム教

おなじイスラム教の国であっても、きびしい教えを守っている国もあれば、
お酒を飲むのもかなり自由な国まで、
そのようすはさまざまです。

大きいふたつの派――スンニ派とシーア派

イスラム教は、スンニ派（スンナ派）とシーア派と、大きくふたつに分かれています。現在、スンニ派のほうが多数派です。シーア派は、おもにイランとイラクにいますが、ほかの国では、少数派にとどまっています。

ふたつの派に分裂したのは、預言者ムハンマドが亡くなった直後の660年代のことです。

ムハンマドが亡くなると、信者たちは教えを守るために「預言者の代理人」を選び、自分たちの指導者としました。これを「カリフ」とよびます。

ムハンマドからじきじきに教えを伝えられた人びとがカリフになりましたが、その4代目に選ばれたのが、ムハンマドのいとこのアリー・イブン・アビー・ターリブでした。アリーは暗殺されてしまいますが、「アリーこそがムハンマドの血筋を引く正当な後継者であり、ほかのどのカリフも認められない」と考える人びとがいました。この人たちは、「アリーの党派」とよばれる政治的な集団をつくりました。この「党派」のことを「シーア」といい、いつしかこの人びとが宗派となり、「シーア派」とよばれるようになったのです。

それに対し、「スンニ派」の「スンニ」とは、しきたりや伝統という意味です。つまり、だいだい伝えられてきた伝統を守る人びとをさす言葉でした。

現在、おなじイスラム教徒であっても、このふたつのグループでは、信仰のしかたにさまざまなちがいがあります。スンニ派は、「偶像崇拝」を禁止する『コーラン』の教えを重視していますが、シーア派は、この点は、こだわりません。シーア派の多いイランで、指導者の肖像画がいたるところにかかげられているのもそのためです。

イランの町にはられたホメイニ師（右）とハメネイ師（左）のポスター。

PART 2　さまざまな国のイスラム教と中東問題

首都リヤド。省庁や高級ホテルなどの高層ビルがたちならぶ。

サウジアラビア

　サウジアラビアには、イスラム教のふたつの聖地、メッカとメディナがあります。サウジアラビアの人たちはこのことをたいへんほこりに思っていて、イスラム教の教えをきびしく守っています。

　この国では、『コーラン』と『ハディース』（→P11）を、すべてのよりどころとします。そのため、サウジアラビアは、だいだいサウード家を国王とする王国ですが、人間が守るべきことはすでに神が示しているので、人間たちが法律をかってにつくってはいけないとして、**人間が決めた法律も国会もない**のです。

　また、この世のなかで娯楽をもつことは、神のことをわすれがちになるという考えから、劇場や映画館などはありません。また、お酒を飲むことも禁止されています。それは、サウジアラビアでくらす外国人でもおなじです。

　サウジアラビアでは、ほかのイスラム教国にくらべて、とくに女性についての規律がきびしくされています。女性は男性に守られるべきもの、という考え方から、外で働く女性は多くありません。女性が外出するときには、黒いマントを着て、頭や顔もベールでおおい、また、家族の男性につきそってもらわなくてはなりません。女性がからだや顔をかくさずに外に出たり、結婚前の女性が、家族以外の男性と出あるいていたりすると、町をパトロールしている「宗教警察」につかまるのです。

　なお、サウジアラビアは、原則として観光客を受けいれていません。サウジアラビアに入国できる外国人は、一部の外国人労働者と、メッカに巡礼にくるイスラム教徒だけです。

人間が決めた法律も国会もない　ながらく「シャリーア」とよばれる、『コーラン』と『ハディース』にもとづいた法をよりどころにしてきたが、1992年、ほかの国の憲法にあたる「統治基本法」ができた。しかし、「シャリーア」のほうがはるかに強い力をもつ。

シーア派最大の宗教儀式「アーシュラーの哀悼祭」のようす。シーア派3代目の指導者フサインとその一族は、680年、スンニ派との争いのなかで殺害された。その苦しみに思いをはせるために、男性たちはみずからのからだを、くさりでうちつけながら行進する。

イラン

　イランでは、第二次世界大戦後、パーレビ国王のもと、ヨーロッパやアメリカの科学技術を取りいれて、高層ビルや高速道路を建設するなど、近代化を進めました。

　ところが、その結果、お金を得ることができたのは、王族や外国の会社だけで、一般の人びとのくらしがよくなったわけではありませんでした。そのために貧富の差が広がり、国民の不満が高まって、1979年、革命がおきました。パーレビ国王を追放して、**イスラム法学者**のホメイニ師（→P28）が国家の最高指導者になりました。この革命が「イスラム革命」です。

　その後、ホメイニ師は1989年に亡くなり、イスラム法学者のハメネイ師（→P28）が最高指導者となりました。イランでは、日常の政治については、国民から選挙で選ばれた代表がおこないますが、すべての最終的な判断は、イスラム法学者がくだすしくみになっています。

　パーレビ国王によって近代化が進められたとき、首都テヘランの若い女性たちの多くはベールをぬぎましたが、革命がおきてからは、すべての女性がふたたびベールをかぶりました。ところが、1997年、改革と自由をうったえた**ハタミ氏**が、若者のつよい支持を得て大統領選挙に当選し、自由化を進めた結果、女性たちはまたもベールをぬぎはじめました。

　逆に、2005年には、自由化に反対するアフマディネジャド氏が大統領に当選し、強硬な外交でアメリカとの関係を悪化させました。しかし、2013年には、ロウハーニー氏が大統領になり、アメリカのオバマ大統領と電話で会談したり、イギリスのキャメロン首相と会談したりするなど、革命後、とだえていた西側諸国とふたたび対話がはじまりました。

イランでは黒以外のベールをえらぶ女性も多い。

イスラム法学者　『コーラン』や『ハディース』の解釈など、イスラム教について研究して、イスラム法や神学を身につけた学者のこと。信者にイスラム教の教えをやさしく説いて伝える役割ももつ。イランでは最高指導者として軍司令官を決める権利や大統領をやめさせる権利などもある。

ハタミ氏　1982〜1992年に、「文化・イスラーム指導大臣」をつとめ、記者の言論の自由や、女性歌手のコンサートなどの表現の自由を認めていた。

PART 2 さまざまな国のイスラム教と中東問題

トルコの首都イスタンブールにある、スルタンアフメト・モスク。

トルコ

現在のトルコは、1299年に建国されたオスマン帝国（→P27）がもとになっています。オスマン帝国はイスラム教国でしたが、18世紀末ごろから、「ヨーロッパ化」をめざしました。

1923年には、ケマル・アタテュルクという政治家が大改革をおこないました。彼はまず、それまでイスラム教の指導者が君主となっていたしくみを変え、オスマン帝国を、王のいない「トルコ共和国」にしました。初代大統領につき、イスラム法、イスラム暦、アラビア文字の使用をすべてやめ、ヨーロッパとおなじ法律、太陽暦、ローマ字をつかうことを決めました。

その結果、現在では、トルコは中東の国ぐにのなかでいちばんヨーロッパ化、近代化した国となりました。外交面でも、ヨーロッパの仲間入りを積極的にめざし、NATO（北大西洋条約機構）に1952年に加盟し、1960年代からはEU（ヨーロッパ連合）への参加も希望しています。

人口の99％の人びとがイスラム教を信仰していますが（2015年現在）、イスラム教を国の宗教（国教）とはしていません。少数ですが、キリスト教やユダヤ教を信じる人たちもいます。

また、トルコではイスラム教の決まりもゆるく、お酒を飲むことが許されています。個人差はありますが、1日5回のお祈りをおこなわない人もいます。また、男の人も女の人も洋服を着ています。

それでも、イスラム教の習慣をたいせつにする人が多いようです。

インドネシア

インドネシアは、はるか昔から、東南アジアでとれる香辛料などを、インドを中継地にしてヨーロッパに運ぶ海上貿易の重要な場所でした。商人たちが行き来する港や、さらに東へぬけるマラッカ海峡があったからです。インドネシアには、13世紀末にスマトラ島の北西端に、**はじめてイスラム教が伝わり**、その後、商人たちにより島から島へと伝わっていきました。そして、16世紀には、ジャワ島に住むジャワ人のほとんどがイスラム教徒になりました。いまでは、**国民の約88％がイスラム教徒**という、世界最大のイスラム教国となっています。

はじめてイスラム教が伝わり　それ以前には、インドから仏教やヒンドゥー教が伝わっていた。
国民の約88％がイスラム教徒　このほかには、キリスト教が約9％、ヒンドゥー教が約2％、仏教が約1％信じられている（2010年）。

国民の選挙で指導者を決める国も

サウジアラビア、クウェートなど、イスラム教の教えをきびしく守っている国では、人間はアッラーにしたがうべきであり、指導者を人間が選ぶのはまちがいだと考えます。こうした国では、イスラム法学者や、国を建国した一族が指導者になっています。

ところが、おなじイスラム教の国でも、政治のあり方はさまざまです。

たとえば、エジプトの憲法には、エジプトは「イスラム教の国家である」と書いてありますが、大統領は政治のリーダーであり、国民が選挙で選ぶしくみをとっています。また、トルコでも、国民が国会議員を選び、その議員たちが選挙をおこない大統領を選びます。このほか、パキスタンやインドネシア、マレーシアなど、イスラム教徒が国の大部分をしめている国でも、国家の指導者は、国王やイスラム法学者ではなく、国民から選挙で選ばれるしくみになっています。このように、これらの国では、宗教と政治が分かれているのです。

また、イスラム教の教えには、女性は男性に守られるべきものという考え方があります。そのせいもあってか、サウジアラビアのようにイスラム教の教えをきびしく守る国では、長らく女性に選挙権がない国もありました（2015年に選挙権があたえられた）。

一方、パキスタンでは、ベーナズィール・ブットー氏が1988年にイスラム圏では初の女性首相として選ばれました。インドネシアでは、女性のメガワティ・スカルノプトゥリ氏が2001年から2004年まで大統領をつとめました。また、バングラデシュでは、女性のシェイク・ハシナ氏が1996年と2009年に首相に選ばれています。このように、女性が政治の場で活躍するイスラム教の国もあるのです。

写真：ロイター／アフロ

2015年に地方議会選挙で当選し、登院したサウジアラビアの女性議員たち。

写真：AP／アフロ

インドのモディ首相（左）とバングラデシュのハシナ首相（右）。2015年、両国の国境付近に点在していた飛び地について交換し、画定することを正式に合意した。

ヨーロッパやアメリカにも広がるイスラム教

ヨーロッパやアメリカは、「キリスト教文化圏」といわれ、キリスト教から大きな影響を受けてきました。ところが、いまではそこでも、イスラム教がどんどん広がってきました。

第二次世界大戦後、イギリスには、かつて植民地にしていたパキスタンから、また、フランスにもおなじく植民地にしていたアルジェリアから、イスラム教徒がどんどん入ってきました。ドイツには、高い賃金を求めて、トルコから多くのイスラム教徒が移住してきました。こうした人たちが、ヨーロッパにイスラム社会をきずいてきたのです。

2015年には、シリアでおきた内戦をのがれ、約400万人の人びとが難民となりました。そのうち、約100万人の人びとがヨーロッパにわたり、ヨーロッパの国ぐにのあいだで大きな社会問題となっています。

また、2011年の時点でアメリカにも、推定で700～800万人ものイスラム教徒がいるといわれています。2000年から2010年の10年間で約100万人の増加と、その数は年ねんふえつづけています。アメリカ国内のイスラム教徒は、キリスト教徒についで2番目となっているのです。

アメリカのイスラム教徒は、中東や中央アジアからの移民と、アメリカ国内でほかの宗教から改宗した人びとです。前者は、1948年にイスラエルが建国されたことをきっかけに、中東であいついでおこった戦乱をきらって（→P36）にげてきた人や、アメリカの豊かな生活にあこがれてうつりすんできた人たちです。

後者は、奴隷制度が廃止されたにもかかわらず、アメリカ社会で差別を感じてきた黒人たちです。イスラム教の「神さまの前ではすべての人間は平等」という教えが、人種差別に苦しむアメリカの黒人の心をつかみ、1930年ごろから、キリスト教からイスラム教に改宗する人びとが急増したのです。

フランスで起きた宗教をめぐる問題―「反スカーフ法」

イスラム教徒の多くは、別の国に住むようになっても、自分たちの信仰を守り、イスラム教の戒律にしたがった生活をつづけようとします。ところが、受けいれる国の事情によって問題がおきています。たとえば、フランスの公立学校での、「スカーフ着用禁止」の法律（反スカーフ法）がその一例です。

イスラム教の教えでは、女性たちは、顔やからだを人前で見せてはいけないことになっています（→P19）。どこまでをかくすかは国によってちがいますが、この戒律にそって、ほとんどの国のイスラム教徒の女性たちは、頭をベールやスカーフでおおいかくします。フランスに住むイスラム教徒の女生徒たちも、そうして学校に登校していました。

ところが、フランス政府は2005年3月、公立学校においてのスカーフ着用を禁止する法律をつくりました。この法律によって、スカーフを巻いたイスラム教徒の女生徒や、ターバンを巻いたシク教徒の学生たちは、スカーフやターバンをはずすまで、学校に入れてもらえなくなりました（キリスト教徒についても同様で、大きな十字架を身につけた生徒も入れてもらえない）。

この法律は、宗教をはっきりとあらわすものの着用を禁止し、公立の学校へは、宗教をもちこんではいけないとする、フランス政府の方針を具体的にうちだしたものでした。

これに対して、フランスのイスラム教徒たちは「神の教えを守っているだけなのに、学校に入れてもらえないなんておかしい」と抗議しました。なかにはスカーフをとることを拒否した学生もいます。その後、フランスでは公共の場で「ブルカ」（→P19）を着てはいけないという「ブルカ禁止法」も2011年にはつくられました。そのため、2013年にはパキスタン出身のフランス人女性が「ブルカ禁止法」は人権侵害であると欧州人権裁判所にフランス政府を訴えました。

異なった文化や考えをもつ人びとがいっしょにくらすことによって、こうした問題が生じてきています。

中東問題って何だろう？

「パレスチナ」とよばれる場所をめぐって、
イスラム教徒とユダヤ教徒のあいだで争いがつづいています。

イスラエル＝カナンの地＝パレスチナ

パレスチナには、ずっと昔の、およそ2000年前までは、**ユダヤ人（ユダヤ教徒）**の王国がありました。

ユダヤ人の経典『律法（聖書）』によると、パレスチナは、かつて「カナンの地」とよばれ、神がユダヤ人の祖先に対して、「この地をあなたの子孫にあたえる」と約束したとされる土地なのです。そのため、ユダヤ人たちは、この場所を自分たちのものだと考え、王国をつくりました。

ところが、紀元70年に、ローマ帝国によってこの王国がほろぼされ、ユダヤ人たちは、ばらばらになって世界中にのがれていきました。

その後、この地には、イスラム教徒（アラブ人）が多く住むようになり、第二次世界大戦が終わるまで、イスラム教徒がたくさん住んでいました。

ユダヤ人（ユダヤ教徒） ふつう○○人＝○○教ではないが、ユダヤ人の場合には、ユダヤ人＝ユダヤ教徒と考えられている。

PART 2 さまざまな国のイスラム教と中東問題

シオニズム運動のはじまり

中世のヨーロッパでは、ユダヤ人は「ユダヤ人がイエス・キリストを十字架にかけた」といわれ、キリスト教徒に差別、迫害されていました。その後の歴史のなかでも、とくに第二次世界大戦中には、ナチス・ドイツによって約600万人ものユダヤ人が殺されました。

ユダヤ人たちは、迫害を受けるのは、自分たちの国をもっていないからだと思うようになり、自分たちの国をもう一度つくろうと考えはじめました。そして、経典に約束されている「カナンの地」にもどろうという運動（**シオニズム運動**）をはじめたのです。

イギリスの政策とパレスチナ問題

「シオニズム運動」によって、パレスチナに移住してくるユダヤ人がふえてくると、それ以前からにそこでくらしていたイスラム教徒（アラブ人）とのあいだに対立がおこるようになりました。その対立をいっそうはげしくさせたのが、当時中東地域に進出していたイギリスの中東政策でした。

第一次世界大戦中、オスマン帝国と戦っていたイギリスは、アラブ人とユダヤ人の両方を味方につけようと考えたため、両者に対してそれぞれパレスチナに国をつくることを認める約束をかわしたのです。

また、フランスとも、第一次世界大戦が終わったら、オスマン帝国が支配していた土地を分けあうという秘密協定までむすんでいたのです。

その後、アラブ人とユダヤ人の対立がはげしくなると、イギリスは、1947年パレスチナをほうりだし、問題の解決を国際連合（国連）（→P36）にまかせてしまいました。その国連が出した解決策があらたな問題をつくりだし、現在にいたってしまいました。

ポーランドのオシベンチム（アウシュビッツ）にある、ユダヤ人強制収容所跡。第二次世界大戦中にナチス・ドイツによってつくられた最大規模の収容所で、120万～140万人のユダヤ人がここで虐殺された。

シオニズム運動　「エルサレムにあるシオンの丘にもどろう」という意味でこうよばれる。

強制収容所の死体焼却炉。オシベンチム（アウシュビッツ）強制収容所は、現在では博物館として保存され、平和のメッセージをなげかけている。

イスラエルの建国と同時に中東戦争へ

戦後、ナチス・ドイツによるユダヤ人の大量虐殺の事実が明らかになってくると、たくさんの国がユダヤ人に対して同情し、ユダヤ人が新しい国をつくることを応援するようになりました。

これを受けて、**国際連合（国連）**は、1947年11月、パレスチナを、アラブ人たちが住む国とユダヤ人たちが住む国のふたつの国に分ける案（パレスチナ分割案）をつくりました。また、ユダヤ教、キリスト教、イスラム教の聖地があるエルサレムについては、「国際管理地区」として、国連が管理するよう提案しました。

翌年5月14日、ユダヤ人たちは、この分割案を受けいれ、ユダヤ人の土地と定められたところに「イスラエル」という国を建国しました。

ところが、イスラエルの建国は、そのときそこに住んでいたイスラム教徒にとっては、自分たちが住んでいるところに異教徒が国をたてたことを意味したのです。イスラエル建国の翌日には、アラブ連合軍（エジプト、シリア、ヨルダン、レバノン、イラク）がイスラエルを攻撃し、中東戦争がはじまりました。

こうしておきた中東戦争は、大きなものだけでも4回ありました。結局イスラエル側が勝利しましたが、そのさい、イスラエルは、国連が「アラブ人の土地」と決めたところや、国連が管理することにした聖地エルサレムまで占領しました。そして、国連総会では認められませんでしたが、1980年にはエルサレムを首都であると宣言したのです。

たびかさなる中東戦争によって、多くのイスラム教徒たちが、自分たちが住んでいた土地、パレスチナを追いだされてしまいました（この人たちは、「パレスチナ難民」とよばれる）。なお、現在では、「パレスチナにもどりたい」と考える人たちは、「パレスチナ人」とよばれています。

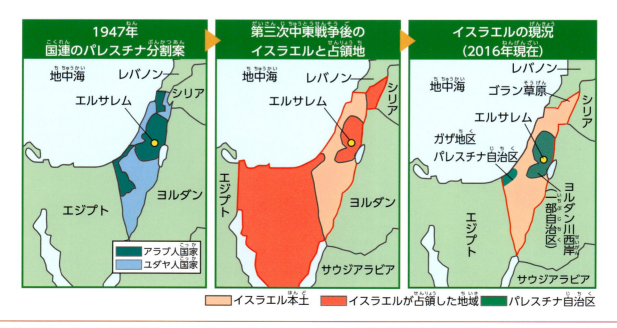

国際連合（国連） 第二次世界大戦後の1945年10月、戦後の平和を維持し、経済や社会、文化などに関するさまざまな問題を、各国で協力して解決するためにつくられた国際機関。

いまもつづく争い

これが「中東紛争」や「中東問題」とよばれるものです。

悲しいね。どうにか解決できないのかな……。

そ の後も「土地をかえせ」と主張するパレスチナ人と、「もともと神からさずかった土地だ」と主張するユダヤ人とのあいだで、争いがくりかえされるようになりました。

パレスチナ人は、1964年、「PLO（パレスチナ解放機構）」という政治組織をつくりました。これは話しあいによってこの問題を解決しようとする組織です。ところが1969年にアラファト氏が指導者になると、「武力をつかってでもパレスチナの土地を取りもどす」という方針に変わり、さまざまなテロやゲリラ活動をおこすようになりました。しかし、アラファト氏はときとともにおだやかな路線へと変わり、1993年にはイスラエルのイツハク・ラビン首相と和平協定を結びました。しかし、ラビン氏が暗殺され、パレスチナ側では過激な組織「ハマス」が力をもつようになったことで、たがいに武力を使って復讐をするといったことが続いているのです。

近年の動き（2016年5月現在）

中 東問題に対して、アメリカやヨーロッパの国ぐにがイスラエルとパレスチナのあいだに入って、和平に向けて話しあいを進めてきました。

イスラエルが、1967年から占領してきた西海岸のガザ地区と、ヨルダン川西岸地区をパレスチナ人にわたし、パレスチナ人の自治を認めるよう、アメリカやヨーロッパの国ぐには、イスラエルを説得してきたのです。

1993年に和平協定を結んだのもつかの間、中東問題は長いあいだ、解決することはありませんでした。

そうしたなか、ハマスは2007年6月、ガザ地区をとつぜん武力で占拠しました。しかし、ハマスは援助を受けていたエジプトやイランからの支援を得られなくなり、2014年6月、パレスチナのもうひとつの政党「ファタハ」と統一内閣を発足。8月26日には、エジプトの仲介でイスラエルとガザ地区の停戦協定を結びました。しかし、その後も小規模な戦闘はたびたびおきています。そのため、聖地エルサレムについても解決の見通しがたっていません（→P38）。

イスラエルがガザ地区から引きあげる作業を見物におとずれたパレスチナ人（ガザ地区、2005年9月）。

ゲリラ スペイン語で小戦争の意味。小さなグループに分かれて、待ちぶせなど敵のすきを見て攻撃をおこなうこと。

3つの宗教の聖地エルサレム

なぜ、エルサレムが、
3つの宗教の信者にとって
たいせつな場所となっているのでしょうか？

ユダヤ教の「聖なる岩」

エルサレムは、ユダヤ教、キリスト教、イスラム教の3つの宗教の聖地です。現在、この3つの宗教の信者がそれぞれ、自分たちがエルサレムを管理したいと主張して対立しています。

それでは、ここでエルサレムが3つの宗教の聖地となった理由を簡単に説明しましょう。

『律法（聖書）』によると、神は、あるとき、ユダヤ人の祖先であるアブラハムの信仰心をためすために、アブラハムに「お前の子、イサクを殺してわたしにささげなさい」といいます。アブラハムはたいへんなやみますが、結局、丘の上の岩にイサクをよこたわらせ、殺そうとします。つぎの瞬間、「おまえの神への信仰心はわかったから、殺さなくともよい」という神の声がきこえます。アブラハムは、かわりに羊をささげて、イサクとともに丘をくだりました。

アブラハムがイサクをよこたわらせたこの岩を、ユダヤ教では「聖なる岩」とし、岩のある場所に神殿をたてたのです。この神殿は、紀元70年にローマ帝国によって破壊され、いまでは、神殿の西側の壁がのこっているだけです。この壁は、夜露にぬれると、ユダヤ人の苦難の歴史をなげいて涙を流しているように見えるため、「嘆きの壁」という名前がつけられました。ユダヤ教徒は、この壁に向かってお祈りをささげます。

嘆きの壁のようす。奥にお祈りをささげている人びとが見える。

PART 2 さまざまな国のイスラム教と中東問題

イスラム教でも聖なる岩

イスラム教徒の言い伝えにも、『旧約聖書』にでてきたのとおなじ「聖なる岩」が登場します。

メッカにいたムハンマドが、あるとき、天使につれられてエルサレムにいき、「聖なる岩」をさわって天にあがりました。そして、天国で神や、イエスなどの預言者にあい、ふたたびエルサレムにおりてきて、メッカにもどったというのです。

この「聖なる岩」を、イスラム教徒たちは、丸い屋根（ドーム）でおおいました。その後さらに、その屋根に金ぱくをはりめぐらして、「岩のドーム」という建物をつくりました。

金ぱくをはられたドームは7世紀末につくられた。エルサレムのなかで、ひときわめだっている。

キリストが十字架にかけられた丘も

また、キリスト教徒にとってたいせつな「聖墳墓教会」も、「岩のドーム」や「嘆きの壁」のすぐ西側にあります。

この教会は、イエスが十字架にかけられた「ゴルゴタの丘」にたてられています。エルサレムはキリスト教徒にとっても重要な場所なのです。

このように、3つの宗教の聖地すべてがエルサレムにあるために、エルサレムをめぐって、争いがつづいているのです。

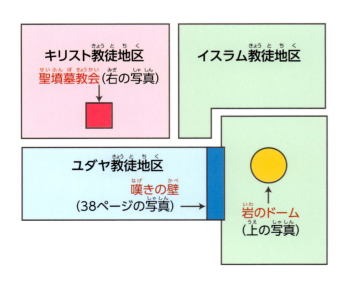

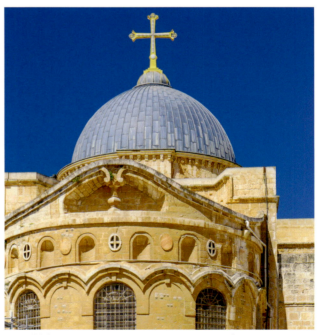
聖墳墓教会。ゴルゴタの丘とイエスの墓を保存するため、335年につくられた。

イスラム教は平和を求める宗教

現在、イスラム教徒の、ごく一部の人びとが、自爆テロなど過激な行動をとっているために、イスラム教に悪いイメージをもつ人がふえています。

ニュースできく「イスラム原理主義」って、何?

2001年9月11日にアメリカでおきた同時多発テロ（9.11アメリカ同時多発テロ）以降、ニュースなどで「イスラム原理主義過激派」という言葉がよくきかれるようになりました。そのせいで、イスラム教に対し、何かこわい宗教のようなイメージをもってしまう人がふえているといわれています。けれども、すべてのイスラム教徒が暴力的な行動をするわけでは、けっしてありません。

近年、イスラム教徒の多い国ぐにのなかには、ヨーロッパの考え方や文化をとりいれる国もでてきました。そうした国ぐにでは、それまで黒いベールに身をつつみ、外にでることのなかった女性たちが、ベールをぬいで社会に進出するようになりました。また、宗教と政治を分けて考える国もでてきました。

こうした風潮に対して、「イスラムのほんとうの教えをわすれている」「西洋風の文化にそまり堕落している」と考える人がでてきたのです。こうした人びとは、「イスラム教の原点にもどれ」とうったえはじめました。やがて、この人たちの考え方や運動が「イスラム原理主義」とよばれるようになりました。

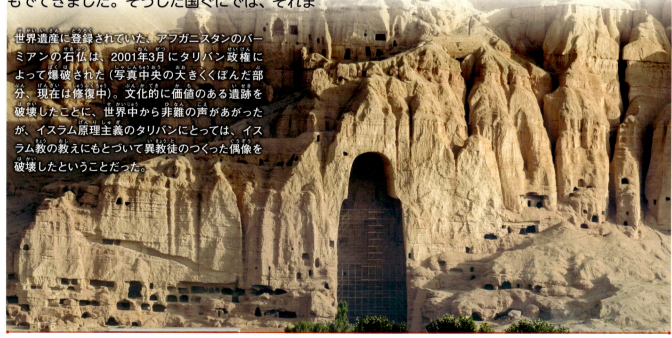

世界遺産に登録されていた、アフガニスタンのバーミアンの石仏は、2001年3月にタリバン政権によって爆破された（写真中央の大きくくぼんだ部分、現在は修復中）。文化的に価値のある遺跡を破壊したことに、世界中から非難の声があがったが、イスラム原理主義のタリバンにとっては、イスラム教の教えにもとづいて異教徒のつくった偶像を破壊したということだった。

原理主義　「原理主義」というよび方は、もともとキリスト教徒がつかっていた言葉。イスラム教徒はこの考え方を「イスラム復興運動」とよぶ。

過激派はごく一部の人たち

この「イスラム原理主義」自体は、「本来のイスラム教にもとづいた生活をしよう」とうったえるものであり、けっして暴力的なものではありません。貧しい人びとを助けるさまざまな活動もおこなっています。むしろ、イスラム教徒のなかではたいへん支持されているといってよいでしょう。

問題は、この運動をするごく一部の人たちのなかに、武力をつかってでもこの理想を実現させようと考える人たちがいることです。この一部の人びとが「イスラム原理主義過激派」とよばれる人たちです。

原理主義自体が問題ではなくて、武力をつかう一部の人びとが問題なんだね……。

過激派のまちがった『コーラン』解釈

『コーラン』には、つぎのような記述があります。

1.「汝らに戦いを挑むものがあれば、アッラーの道において堂々とこれを迎え撃つがよい。だがこちらから不義をし掛けてはならぬぞ。アッラーは不義なす者どもをお好きにならぬ」（『コーラン』第2章より）

2.「もし汝らが（戦場で）死んだり殺されたりした場合、必ずアッラーのお傍に呼び集めて戴けるのだぞ」（『コーラン』第3章より）（番号は編集部）

「イスラム原理主義過激派」とよばれる人びとは、『コーラン』のこうした記述から、自分たちのテロや破壊行為を、イスラムの教えを守るための「ジハード（聖戦）」だと主張します。また、彼らは、2から、「イスラムのために戦死したら、すぐに天国にいける」とも考えています。

もともと「ジハード（聖戦）」とは、「イスラムの道に信者一人ひとりが努力すること」という意味です。「イスラムの教えを守り、広めるためには戦争をしてもよい」という意味ではありません。その信仰を守るために、もし敵から攻撃されて、やむを得ない場合にだけ堂どうと戦いなさいという教えです。この「努力」を意味する「ジハード」が、日本語では「聖戦」と訳されたこともあり、戦争のイメージが強くなってしまい、いまも誤解されているのです。

イスラム原理主義過激派の組織「ハマス」の旗をかかげるパレスチナ人たち。にくしみがつぎの世代へと受けつがれてしまう。

イスラム国（IS）

2014年ごろから、「イスラム国（IS）」とよばれるイスラム過激派組織が、中東で勢力を急速に拡大しています。ヨーロッパでのテロも何度も発生し、日本も無関係ではありません。

イスラム国（IS）って？

イスラム国（IS）は、もともとはアルカイダの流れをくむ、イスラム教スンニ派の過激派組織です。強大な資金力と軍事力をもち、イラク出身のアブ・バクル・バクダディを最高指導者としています。

イラクの組織でしたが、2010年に始まった自由民主化運動「アラブの春」の影響で、政府側と反対勢力が内戦状態となったシリアに入りこみました。

ISは、武力で侵略したイラクとシリアの国境付近を国土として、長らく途絶えていたカリフ制（→P28）による**国家の樹立を宣言**（2014年）しました。ISは、占領地域の住民から税金をとり、拉致した外国人の身代金や原油の密輸などで財政基盤をつくりました。

ISは、これまでのテロ集団と大きく異なり、フェイスブック、ツイッター、ユーチューブなど、SNSや動画配信サービスに画像や動画を投稿し、全世界に向けて発信しています。インターネットを使った宣伝効果によって、ヨーロッパで生まれ育ったイスラム系の若者が加わるきっかけにもなっています。

写真：Alamy／アフロ

SNS上で、ISへの参加をよびかけているページの画面。

国家の樹立を宣言 国際社会では、国家としてISを認めていない。

日本は敵対国？

これまでISは、多くの外国人ジャーナリストなどを殺害してきました。しかし、その対象は、ISへの空爆に参加しているイギリスやアメリカなどの国の人が中心でした。しかし、2015年1月、日本人が殺害される事件も発生しました。

日本は、アメリカの発表した、対ISの有志連合に入ってはいるものの、非軍事の人道支援の実施を表明していました。しかも、2004年に自衛隊を派遣したイラクでは、道路などのインフラ整備をおこない、その実績がイラク国民からも高く評価されていました。イラクなどのイスラム諸国との信頼関係もできていました。

ところが、ISは「対立する国への支援は、たとえそれが人道支援であっても、ISへの攻撃と同じである」として、日本も敵対する国家のひとつとみなしたのです。

ISに拘束された後藤健二さんの解放をうったえる人びと。
写真：AP／アフロ

大量難民の発生

長らく内戦が続くシリアから、人びとが国境を越えてヨーロッパ諸国に押しよせ、大きな社会問題となりました。難民をよそおって入国したISのメンバーがテロを起こす事件も発生しており、経済的な理由だけでなく、難民の受けいれを拒否する国ぐにが出てきています。

2015年には、100万人を超える移民、難民がヨーロッパにわたった。

イスラム教徒の多い国と国旗

いま世界に約16億人のイスラム教徒がいるといわれていますが、現代の世界に広がったイスラム教のようすを見てみましょう。

世界のイスラム教分布地図

下の地図は、イスラム教を国教にしている国を中心とする国際機関、「イスラム協力機構（前・イスラム諸国会議機構）」に入っている国と地域を示しています。

イスラム協力機構は、イスラム諸国のつながりを強化する目的で、1971年に設立された組織です。イスラム教徒の多い国ぐにや、あるていどまとまった数のイスラム教徒がいる国が加盟しています*。

下の地図からは、北アフリカや中東、東南アジアに、イスラム教徒の多い国が集まっていることがわかります。けれども、色がぬられていない国には、イスラム教徒がまったくいないということではありません。33ページで紹介したとおり、近年、ヨーロッパやアメリカにもイスラム教徒がふえています。少数ですが日本にもイスラム教徒がいて、モスクも60以上あります。

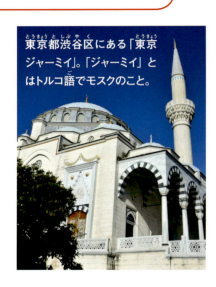

東京都渋谷区にある「東京ジャーミイ」。「ジャーミイ」とはトルコ語でモスクのこと。

＊国民のほとんどがイスラム教徒でなくては加盟できないわけではなく、あるていどまとまった人数のイスラム教徒がいれば、機構の審査を受けることができる。

緑と月が目印！ イスラム教の国ぐにの国旗

イスラム教徒が多い国の国旗には、緑色や月の模様などといった特徴があります。

■緑色

緑色の旗が多いのは、イスラム教が砂漠の多いところで生まれ、発展していったことと関係しています。砂漠のなかで生きる人びとにとって、緑色は、植物を連想させるため、昔からたいせつな色だとされてきました。

例）

■月や星のマーク

砂漠では、夜はすずしくなり、また、月や星がでると、人びとは安心して休むことができます。そのため、月や星のマークは、安心感や平和の象徴として、多くのイスラム教国の旗につかわれています。

例）

■アラブ統一旗

白・黒・緑・赤の4色をつかった旗も多くあります。これは、20世紀はじめに考えだされた「アラブ統一旗」がもとになっています。

例）

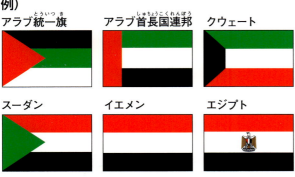

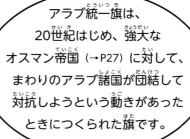

アラブ統一旗は、20世紀はじめ、強大なオスマン帝国（→P27）に対して、まわりのアラブ諸国が団結して対抗しようという動きがあったときにつくられた旗です。

全巻さくいん

凡例: 仏＝仏教　イ＝イスラム教　キ＝キリスト教　ア＝アメリカの宗教

あ行

- アーミッシュ　ア22
- IS（アイエス）　イ3, 42, 43
- アイルランド（系）　ア16, 21
- アジア　仏3, 9, 17, 24, 36, 40、イ22、キ6, 32, 34, 35, 36, 38, 39, 41、ア15
- アダムとエバ　イ12、キ10, 14、ア28, 29
- アッラー　イ6, 12, 14, 16, 18, 22, 32, 41、キ13
- アフガニスタン　仏34、イ25、ア44
- アブラハム　イ23, 38、キ14、ア36
- アフリカ　キ32, 40、ア38, 40
- アメリカ　イ30, 33, 37, 40, 43, 44、キ29, 32, 35, 37, 38, 41、ア2, 3, 6, 7, 8, 9, 10, 11, 12, 13, 14, 15, 16, 18, 19, 20, 21, 22, 23, 24, 25, 26, 27, 28, 29, 30, 31, 32, 33, 34, 36, 37, 38, 39, 41, 42, 44, 45
- アラビア語　イ6, 8, 10, 18, 23、キ17
- アラビア文字　イ10, 20, 26, 31
- アラブ人　イ34, 35, 36、キ16
- アルカイダ　ア44, 45
- イエス（・キリスト）　イ12, 15, 20, 23, 35, 39、キ6, 7, 8, 9, 10, 12, 15, 16, 18, 20, 21, 22, 23, 26、ア9, 13, 14, 20, 22, 23, 25, 33, 42
- イエズス会　キ33, 34, 35, 36, 37
- イギリス　仏36、イ30, 33, 35, 43、キ27, 28, 29, 34, 40, 41、ア8, 9, 10, 16, 20, 37, 45
- イギリス国教会　キ28, 41、ア9, 10, 20, 24
- イスラエル　イ33, 34, 36, 37、キ6, 11, 14, 16, 17、ア36, 37, 38
- イスラム教　仏18, 19, 21, 35, 37, 38, 40, 41, 42, 43、イ2, 3, 6, 8, 9, 10, 12, 14, 15, 16, 17, 18, 20, 22, 23, 24, 25, 26, 27, 28, 29, 30, 31, 32, 33, 36, 38, 39, 40, 41, 42, 44, 45、キ12, 13, 16, 24, 34, 40、ア14, 15, 32, 38, 39, 40, 44, 45
- イスラム教徒　イ3, 6, 9, 10, 11, 13, 14, 16, 17, 20, 24, 25, 26, 28, 29, 31, 32, 33, 34, 35, 36, 39, 40, 41, 44、キ16, 25, 32, 34, 40、ア14, 37, 38, 43, 45
- イスラム原理主義　イ40, 41、ア44, 45
- イスラム国　イ3, 42
- イスラム法学者　イ30, 32
- イタリア　キ22, 32、ア20
- 一神教　仏42、イ25、ア15
- 一夫多妻　イ23
- イマーム（指導者）　イ21
- イラク　イ25, 26, 28, 36, 42, 43、キ17、ア45
- イラン　イ25, 26, 28, 30, 37
- 岩のドーム　イ39
- インド　仏3, 6, 7, 8, 9, 11, 12, 16, 18, 20, 21, 23, 24, 25, 26, 27, 30, 32, 33, 34, 35, 36, 40, 43、イ25, 31、キ33, 34、ア6
- インドネシア　仏40, 41、イ18, 25, 31, 32、キ33, 34
- ヴァチカン市国　ア30
- エルサレム　イ26, 35, 36, 37, 38, 39、キ14, 16, 22, 24, 25、ア33, 36
- オーストラリア　キ41
- お経　仏10, 14, 24, 25, 26, 27, 29, 30, 33, 36
- オスマン帝国　イ27, 31, 35, 45、キ30, 31
- オランダ　仏41、キ34, 38

か行

- カースト制度　仏11, 20, 21、イ25
- カーバ神殿　イ3, 17
- 改宗　仏21、イ9, 24, 33、キ38
- 戒律　仏13, 29、イ14, 18, 33
- カトリック　仏35、キ3, 8, 19, 20, 21, 22, 27, 28, 30, 31, 33, 34, 35, 36, 37, 39, 40, 41, 43、ア7, 10, 16, 20, 21
- カトリック教会　キ18, 23, 27, 28, 30, 33、ア9, 30
- カナンの地　イ34, 35、キ11, 14、ア36, 37
- カルヴァン　キ27、ア20
- 感謝祭　ア13
- カンボジア　仏36, 39, 40
- 喜捨（寄付）　イ14, 17
- 救世主　イ12、キ6, 7, 12、ア14
- 9.11アメリカ同時多発テロ　イ40、ア3, 44
- 旧約聖書　イ22, 23, 39、キ10, 11, 12, 13, 17、ア9, 15, 26, 29, 30
- 教会　仏44、イ20, 39、キ3, 11, 20, 21, 22, 23, 28, 30, 31, 35, 43, 44, 45、ア12, 17, 20, 21, 22, 41
- 経典　仏10, 20, 28, 29, 44、イ9, 14, 15, 22, 34, 35、キ7, 12, 13, 17, 30、ア9, 15, 23, 26, 36
- キリスト教　仏18, 19, 21, 29, 37, 42, 43, 45、イ2, 12, 15, 19, 20, 22, 23, 24, 26, 31, 33, 36, 38、キ2, 3, 6, 7, 10, 11, 12, 13, 14, 15, 16, 18, 19, 20, 21, 22, 23, 24, 25, 26, 27, 30, 31, 32, 33, 34, 35, 36, 37, 38, 39, 40, 41, 42, 43, 44, 45、ア3, 7, 8, 9, 10, 11, 12, 14, 15, 16, 17, 18, 20, 21, 22, 23, 24, 25, 26, 27, 28, 29, 30, 31, 38, 39, 40, 41, 42, 45
- キリスト教原理主義者　ア19, 24, 26, 29, 30
- キリスト教徒　仏29, 35、イ22, 24, 26, 33, 35, 39, 40、キ3, 6, 13, 16, 21, 23, 24, 25, 31, 33, 35, 37, 38, 41, 42, 43、ア7, 8, 11, 12, 14, 15, 17, 18, 19, 21, 25, 32, 33, 38, 42
- キング牧師　ア40, 41
- クウェーカー教徒　ア10
- クウェート　イ32
- 偶像崇拝　イ8, 14, 19, 28
- クリスマス　キ18, 19、ア13, 42
- 解脱　仏17, 18, 19, 25
- 結婚　仏7, 20, 35、イ7, 13、キ19, 28、ア21, 27
- 還俗　仏35, 37, 38
- コーラン　イ9, 10, 11, 12, 13, 14, 15, 18, 19, 21, 22, 23, 24, 28, 29, 30, 41、キ13、ア15
- 国際連合（国連）　イ35, 36、キ16、ア37
- 黒人　イ33、ア6, 38, 39, 40, 41, 45
- 黒人解放運動　ア40
- 極楽浄土　仏19, 29
- 国教　イ31, 44、キ23、ア10, 11, 14, 20

さ行

- 最後の審判　仏19, 43、イ12, 13, 15、キ11
- 最後の晩餐　キ20
- サウジアラビア　イ3, 6, 7, 29, 32、キ17
- さとり　仏6, 9, 10, 11, 13, 17, 18, 22, 32
- サンスクリット語（梵語）　仏6, 24, 30
- サンタクロース　キ19
- シーア派　イ28
- シオニズム運動　イ35、キ16、ア36
- シク教　イ25, 33
- 地獄　仏19, 43、イ13, 15、キ11、ア7
- 自然　仏2, 20, 42, 43, 45、イ2、キ2, 10, 40, 41、ア2, 29
- 十戒　キ11
- ジハード（聖戦）　イ41
- 自爆テロ　イ40、ア44
- 社会主義　仏33、キ31, 36, 37
- 宗教改革　キ27, 28, 33、ア20, 21, 22
- 宗教保守派　ア24, 25, 26, 27
- 十字架　イ20, 33, 35, 39、キ7, 15, 16, 23、ア13, 33
- 十字軍　イ26、キ24, 25, 32
- 儒教　キ35, 37
- 出家　仏8, 24, 25, 37, 38
- 巡礼　イ9, 14, 17, 29
- 上座部仏教　仏25, 34, 37, 38, 39, 40
- ジョージ・ブッシュ　ア17, 19, 25, 45
- ジョージ・ワシントン　ア13
- ジョン・F・ケネディ　ア16
- 進化論　ア28, 29, 30
- 神社　仏39, 42, 45
- 人種　仏17、ア7, 32, 40, 45
- 神道　仏3, 42, 43, 45
- 神父　キ19, 21, 26, 32、ア20, 21
- 新約聖書　イ15, 22, 23、キ6, 7, 8, 12, 13, 15, 18、ア9, 25, 26
- スイス　キ27、ア20, 22, 27
- スコープス（モンキー）裁判　ア28

スペイン 🟧26, ✝34, 35, 38, 39
スリランカ ☸34, 35, 36, 37, ✝33
スンニ派 🟧28, 42
政教分離 🟩11
聖書 🟧12, 15, 22, 23, 34, 38, ✝8, 10, 12, 13, 14, 17, 26, 27, 31, 44, 🟩3, 9, 15, 19, 21, 23, 24, 26, 27, 36
聖遷（ヒジュラ） 🟧8
聖体拝領 ✝20
聖地 ☸9, 21, 🟧3, 16, 17, 27, 29, 36, 38, ✝16, 24, 🟩40
聖墳墓教会 🟧39, ✝16
宣教師 ✝32, 33, 34, 35, 36, 37, 38, 41, 🟩23
先住民 ✝39, 40, 41, 🟩6, 9
宣誓 🟩3, 11
洗礼式 ✝21, 🟩12
僧 ☸9, 24, 26, 27, 28, 30, 31, 32, 33, 34, 35, 37, 38, 39, 40
総本山 ☸34

た 行

タイ ☸3, 6, 34, 37, 38, 39, 40
韓国 ✝37
大航海時代 ✝32
大乗仏教 ☸19, 25, 26, 27, 28, 29, 30, 32, 34, 40, 41
多神教 ☸20, 21, 42, 🟧8, 🟩15
ダライ・ラマ ☸32, 33
断食 🟧14, 16
チベット ☸32, 33
チベット動乱 ☸33
中国 ☸6, 22, 23, 25, 26, 27, 28, 30, 31, 32, 33, 36, ✝33, 35, 36, 37, 38, 🟩37
中東 🟧24, 33, 35, 42, 🟩38
中東戦争 🟧36, ✝17
朝鮮半島 ☸25, 27, 28, ✝37
朝鮮民主主義人民共和国（北朝鮮） ✝37
寺請制度 ☸29
天国 ☸19, 43, 🟧13, 14, 41, ✝11
天上 ☸16, 19, 43
天地創造 🟧12, ✝10
ドイツ 🟧33, ✝18, 26, 27, 28, 30, 🟩16, 20, 22, 33
同性婚 🟩25, 26, 27
東方正教会 ✝18, 20, 23, 27, 30, 31, 43, 🟩20
トルコ 🟧26, 27, 30, 31, 32, 33

な 行

嘆きの壁 🟧38, 39, ✝16
ナチス・ドイツ 🟧35, 36, ✝16, 🟩33
日本 ☸2, 3, 6, 7, 25, 26, 27, 28, 29, 30, 31, 34, 36, 38, 39, 42, 43, 45, 🟧18, 24, 42, 43, 44, ✝8, 33, 37, 38, 43
妊娠中絶 🟩25, 26
ネイション・オブ・イスラム 🟩39, 40
ネイティブアメリカン（インディアン） 🟩6, 9, 13
ネパール ☸7, 9, 32
涅槃 ☸10
念仏 ☸29

は 行

パウロ ✝22, 23, 31, 🟩21
パキスタン ☸8, 25, 🟧25, 32, 33
ハディース 🟧9, 11, 29, 30
バラモン教 ☸11, 16, 20, 21, 32
パレスチナ 🟧34, 35, 36, 37, ✝14, 16, 17, 🟩36, 37
パレスチナ人 🟧36, 37, ✝16, 17, 🟩37
PLO（パレスチナ解放機構） 🟧37, ✝17
東ローマ（ビザンツ）帝国 🟧26, ✝23, 30
ピューリタン ✝27, 29, 34, 🟩9, 10, 13, 16, 20, 21
ヒンドゥー教 ☸3, 16, 20, 21, 22, 23, 32, 35, 36, 40, 41, 42, 43, 🟧25, 31, ✝34, 🟩15
フィリピン ✝35
福音主義者 🟩24
福音書 ✝7, 🟩25
豚肉 🟧14, 18
仏教 ☸2, 3, 6, 9, 10, 14, 16, 17, 18, 19, 20, 21, 22, 24, 25, 26, 27, 28, 29, 30, 31, 32, 34, 35, 36, 37, 39, 40, 42, 43, 🟧19, 20, 25, 31, ✝37, 38, 🟩15
仏教徒 ☸9, 29, 30, 36, 37, ✝35, 37
仏像 ☸26, 27, 36, 39, 🟧20
ブッダ ☸6, 7, 8, 9, 10, 11, 12, 13, 14, 15, 16, 17, 18, 21, 22, 24, 25, 27, 29, 30, 31, 35, 37
ブラジル ✝39
フランシスコ・ザビエル ✝33, 38
フランス ☸40, 🟧33, 35, ✝30, 35, 🟩20, 37
プロテスタント ✝8, 21, 27, 33, 34, 35, 37, 41, 🟩7, 9, 16, 17, 20, 21, 22, 24, 30
ペテロ ✝22, 23, 31
ベトナム ☸40, ✝35
ヘンリー8世 ✝28, 🟩9, 20
牧師 ✝21, 🟩21, 22, 40, 41
ポルトガル 🟧26, ✝33, 34, 35, 38, 39, 40
煩悩 ☸10, 15, 29

ま 行

マリア 🟧23, ✝6, 31
マルコムX 🟩39, 40, 41
マルティン・ルター（ルター） ✝26, 27, 🟩20
マレーシア 🟧18, 32, ✝33
ミサ ✝20, 21
南アメリカ ✝39, 43
ミャンマー ☸30, 34, 37, 39, 40
民族 ☸3, 20, 35, 37, 🟧3, 9, 17, 22, ✝6, 14, 15, 37, 🟩6, 7, 33, 45
ムスリム 🟧6
ムハンマド 🟧6, 7, 8, 9, 10, 11, 13, 15, 16, 17, 18, 21, 23, 28, 39, 🟩14
メイフラワー号 🟩8, 9, 13
メッカ 🟧3, 6, 7, 8, 9, 16, 17, 20, 22, 29, 39, 🟩40
メディナ 🟧8, 9, 29
モーゼ 🟧15, 23, ✝11
モスク 🟧20, 44
モルモン教 🟩7, 22, 23

や 行

ヤハウェ ✝14, 🟩32
ユダヤ教 🟧9, 12, 15, 22, 23, 24, 31, 36, 38, ✝6, 7, 8, 10, 11, 12, 13, 14, 16, 17, 30, 🟩7, 14, 15, 26, 32, 33, 36, 39, 43
ユダヤ教徒 🟧22, 23, 34, 38, ✝6, 7, 10, 12, 13, 14, 15, 20, 22, 25, 🟩14, 32, 37, 43
ユダヤ人 🟧15, 23, 34, 35, 36, 37, 38, ✝6, 11, 14, 15, 16, 17, 🟩32, 33, 34, 36, 37, 39
ヨーロッパ ☸26, 41, 🟧22, 24, 26, 27, 30, 31, 33, 35, 37, 40, 42, 44, ✝3, 15, 18, 21, 23, 26, 27, 28, 32, 33, 34, 36, 38, 39, 40, 41, 44, 45, 🟩9, 20, 22, 33
預言者 🟧6, 7, 8, 9, 14, 15, 19, 23, 28, 39, ✝13, 🟩23

ら 行

ラオス ☸36, 39
律法 🟧15, 22, 23, 34, 38, ✝8, 9, 12, 14, 🟩15, 26, 36
輪廻 ☸16, 17, 19, 21, 31, 🟧25
礼拝 🟧11, 14, 16, 21, ✝3, 21, 🟩12, 13, 42
ローマ・カトリック ✝3
ローマ帝国 🟧34, 38, ✝7, 14, 15, 22, 23, 🟩20, 33, 36
ローマ法王 ✝3, 22, 24, 25, 26, 27, 31, 33, 36, 39, 45, 🟩21, 30
六信五行 🟧14, 18
ロシア ✝30, 31, 43, 🟩37

わ 行

WASP 🟩16

■ **著者**

池上　彰（いけがみ　あきら）

1950年、長野県松本市生まれ。慶應義塾大学卒業後、1973（昭和48）年、NHKに記者として入局。1994（平成6）年から「週刊こどもニュース」キャスター。2005年3月にNHK退社後、現在ジャーナリストとして活躍。著書に『ニュースの現場で考える』（岩崎書店）、『そうだったのか！ アメリカ』（集英社）、『相手に「伝わる」話し方』（講談社）、『池上彰の情報力』（ダイヤモンド社）ほか多数。

■ **表紙・本文デザイン／長江知子**

■ **編さん／こどもくらぶ（木矢恵梨子）**

「こどもくらぶ」はあそび・教育・福祉分野で、子どもに関する書籍を企画・編集するエヌ・アンド・エス企画編集室の愛称。小学生の投稿雑誌「こどもくらぶ」の誌名に由来。毎年約100タイトルを編集・制作している。

作品は「ジュニアサイエンス これならわかる！ 科学の基礎のキソ」（全7巻）「ジュニアサイエンス 南極から地球環境を考える」（全3巻、ともに丸善出版）など多数。

■ **制作・デザイン／株式会社エヌ・アンド・エス企画（石井友紀）**

※地名表記は『新編 中学校社会科地図』『楽しく学ぶ小学校の地図帳』（共に帝国書院）、宗教人口の数値は特に記載のない場合、外務省ホームページによる。

■ **イラスト／中野リョーコ**

■ **編集協力／古川博一**

■ **写真協力**

P2、17：Jasmin Merdan -Fotolia.com
P3：© Rafael Ben-ari ¦ Dreamstime.com
P6：© Hikrcn ¦ Dreamstime.com
P8（下）：© Hikrcn ¦ Dreamstime.com
P8（下右）：© Mawardibahar ¦ Dreamstime.com
P9：© Hikrcn ¦ Dreamstime.com
P10（下左）：© Suryo ¦ Dreamstime.com
P11：© Scaramax ¦ Dreamstime.com
P16（中央左）：小田桐知
P16（右下）：©Anas chao
P4、31：© scaliger -Fotolia.com
P19（下左）：小田桐知
P20（上）：© Valery Shanin ¦ Dreamstime.com
P20（下）：小田桐知
P21（上）：© borisb17 -Fotolia.com
P21（右下）、P22、P23：小田桐知
P26（2点）：© Scirocco340 -Fotolia.com
P27（下右）：小田桐知
P28：© Antonella865 ¦ Dreamstime.com
P29：Elgru ¦ Dreamstime.com
P30（下）：小田桐知
P35：© Gpahas ¦ Dreamstime.com
P38：小田桐知
P39（上）：小田桐知
P39（下）：© Rndmst¦ Dreamstime.com
P40：© Picattos … ¦ Dreamstime.com
P41：© Ahmedfraije ¦ Dreamstime.com
P43（下）：© István Csák ¦ Dreamstime.com

※上記以外の写真そばに記載のないものは、社内撮影分もしくはフリー画像など。

この本の情報は、2016年9月現在のものです。

池上彰のよくわかる世界の宗教
イスラム教

平成28年11月25日　発行

著者　池上　彰

編さん　こどもくらぶ

発行者　池田和博

発行所　丸善出版株式会社
〒101-0051　東京都千代田区神田神保町二丁目17番
編集：電話(03)3512-3265／FAX(03)3512-3272
営業：電話(03)3512-3256／FAX(03)3512-3270
http://pub.maruzen.co.jp/

© Akira Ikegami, 2016

組版・株式会社エヌ・アンド・エス企画／
印刷・富士美術印刷株式会社／製本・株式会社 松岳社

ISBN 978-4-621-30088-6　C 8314　　　　Printed in Japan
NDC160/48p/27.5cm×21cm

本書の無断複写は著作権法上での例外を除き禁じられています。